AF252505

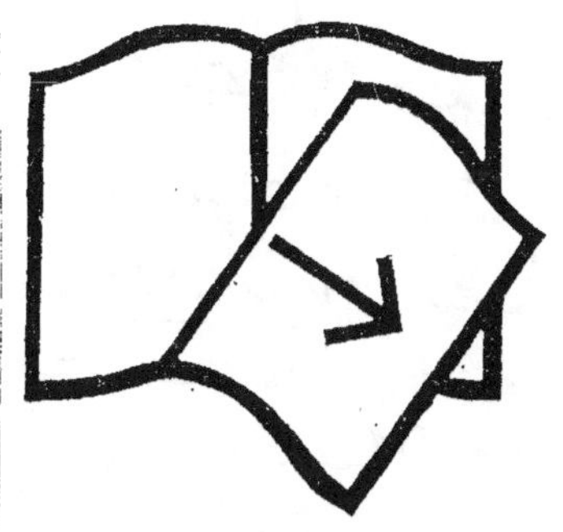

Couverture inférieure manquante

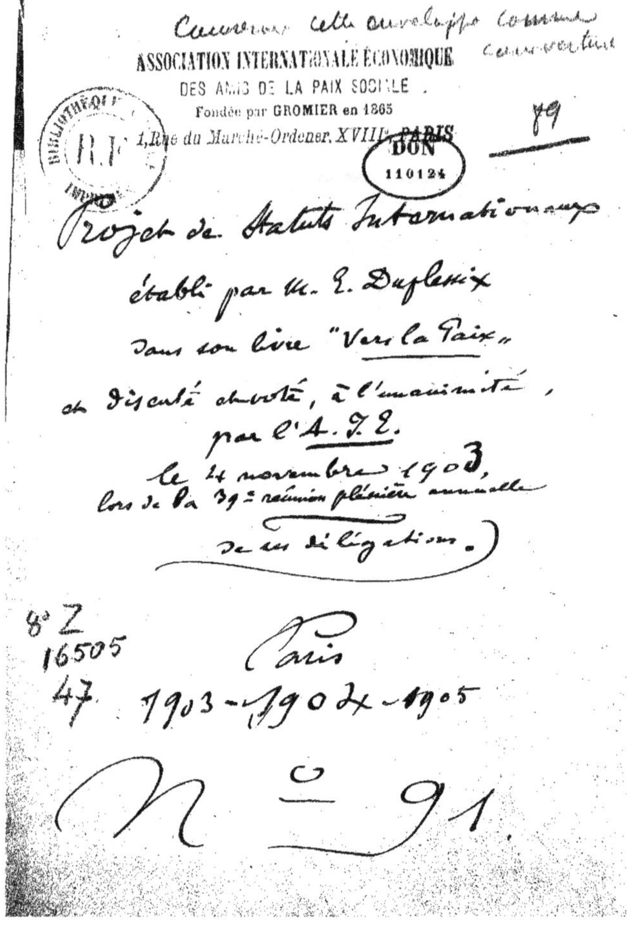

ASSOCIATION INTERNATIONALE ÉCONOMIQUE
DES AMIS DE LA PAIX SOCIALE.
Fondée par GROMIER en 1865
1, Rue du Marché-Ordener. XVIIIᵉ PARIS

DON
110124

Conserver cette enveloppe comme couverture

79

Projet de Statuts Internationaux

établi par M. E. Duplessix

dans son livre "Vers la Paix"

et discuté et voté, à l'unanimité,
par l'A. I. E.

le 24 novembre 1903,
lors de la 39ᵉ réunion plénière annuelle

de ses délégations.

8° Z
16505
47

Paris

1903 - 1904 - 1905

Nᵒ 91.

Document.

ASSOCIATION INTERNATIONALE ÉCONOMIQUE
DES AMIS DE LA PAIX SOCIALE
Fondée par GROMIER en 1865
1, Rue du Marché-Ordener. XVIII*, PARIS

DON
110124

Extrait du livre de M.
E. Duplessix
"Vers la Paix,,

DEUXIÈME PARTIE

PROJET DE STATUTS INTERNATIONAUX

Au Nom de l'A. I. E.
Le Président et Fondateur : M. Gromier

déclare que, le 4 novembre 1903, à Paris, en la 39ᵉ réunion plénière annuelle de ses Délégations, — l'A. I. E. a discuté contradictoirement et voté, à l'unanimité le texte fondamental des futurs Statuts Internationaux des Amis de la Paix Sociale tel qu'E. Duplessix l'a établi dans les pages qui vont suivre et qu'il va parapher ne varietur.

DEUXIÈME PARTIE

PROJET DE STATUTS INTERNATIONAUX

I

DROITS DES NATIONS

I

L'idée de patrie est nécessaire et ineffaçable chez les peuples civilisés.

II

L'indépendance et l'autonomie d'une nation sont des droits inviolables.

En conséquence, chaque nation est seule juge du régime et des principes politiques, juridiques, économiques et religieux qu'il lui convient d'adopter ou de proscrire sur son territoire et nulle autre n'a le droit de s'immiscer dans sa vie intérieure.

Toutefois, dans l'intérêt supérieur de la civilisation, le Conseil international institué ci-après a le droit d'intervenir chez les peuples qui toléreraient ou ne sauraient pas réprimer l'esclavage, les tortures ou les massacres humains.

Les mesures prises par le Conseil pour mettre fin à ces pratiques barbares doivent avoir un caractère international et ne peuvent porter atteinte à l'indépendance de la nation objet de l'intervention.

Également dans un but de civilisation et d'humanité, le Conseil peut autoriser une nation ayant des intérêts territoriaux voisins à annexer ou à prendre sous son protectorat des pays occupés par des peuplades privées de l'organisation suffisante pour assurer la sécurité des personnes et des biens sur leur territoire et l'observation des règles internationales.

III

Deux nations distinctes peuvent se fondre en une seule.

Une colonie peut se séparer de la mère patrie.

Une île, un État, une province peuvent se séparer de la confédération ou de l'État dont ils font partie intégrante.

Une île ne peut être admise à l'autonomie que si elle compte au moins deux millions d'habitants.

Le Conseil a cependant la faculté, quand il le juge à propos, d'accorder l'autonomie aux îles, archipels ou groupes d'archipels, même quand leur ensemble ne réunit pas une population minimum de deux millions d'habitants, si, en raison de leur éloignement d'un continent, ces îles se trouvent naturellement appelées à former un groupement distinct des autres nationalités.

Les colonies continentales, ainsi que les provinces ou états continentaux faisant partie intégrante d'une nation qui demandent l'autonomie, n'y ont droit que s'ils réunissent isolément, ou avec les territoires contigus devant fusionner avec eux, soit une population minimum de dix millions d'habitants, soit une superficie minimum de deux cent mille kilomètres carrés[1].

____

1. Cette surface représente à peu près celle de la partie continentale de l'Italie qui compte 236.000 kilom. carrés.

Le détachement des îles ou territoires continentaux qui ne réunissent pas les conditions
voulues pour obtenir l'autonomie ne sera auto-
risé qu'en échange de leur fusion avec une
autre nation ou avec une colonie d'une autre
nation. En ce qui concerne les territoires continentaux, cette fusion ne pourra avoir lieu
qu'avec une nation ou une colonie limitrophes.

Le détachement des îles ou territoires continentaux n'est admis que si par eux-mêmes
ou par le fait de leur réunion à un autre pays
ils offrent toutes garanties de civilisation et de
bonne administration.

Aucune réunion ou séparation ne peut être
prononcée qu'après l'accomplissement des for-
malités suivantes :

Elle doit être l'objet d'une pétition signée
en cas de réunion, du quart au moins des
électeurs des deux pays dont la réunion est
projetée ; et, en cas de séparation, du quart
au moins des électeurs du pays demandant
son détachement.

Si une proposition de réunion ou de séparation a échoué, aucune demande semblable ne peut être présentée avant l'expiration d'un délai de dix ans.

Quand une pétition contenant une demande de réunion ou de séparation est revêtue des signatures nécessaires, elle est transmise au Conseil international qui apprécie souverainement sa régularité dans le fond et dans la forme, et autorise, s'il y a lieu, la consultation du suffrage universel.

La proposition est soumise au suffrage universel des citoyens du territoire qui demande l'autonomie ou, dans tous les cas de réunion, aux citoyens des deux territoires appelés à fusionner.

La décision doit être prise à la majorité des trois quarts des voix des citoyens inscrits sur les listes spécialement établies pour cette consultation. Ces listes comprennent tous les citoyens mâles et majeurs de vingt et un ans. Dans les colonies et pays de protectorat elles comprennent, en outre, avec les mêmes conditions d'âge et de sexe, les indigènes et les fils d'étrangers nés dans le pays et y ayant conservé leur domicile, même au cas où ces indigènes et fils d'étrangers ne seraient pas admis par les lois du pays à jouir des droits civils et politiques. Les individus condamnés pour crimes et délits de droit commun peuvent être rayés sur ces listes.

En cas de réunion, le referendum se prononce à la même majorité sur le point de savoir si l'une des deux nations doit adopter le régime ou les lois de l'autre ou si une constitution nouvelle doit les régir en commun.

Dans ce dernier cas un exemplaire imprimé du projet de constitution nouvelle est déposé, pendant les trois mois qui précèdent le vote, dans la maison commune de chaque circonscription administrative des deux nations et mis à la disposition du public.

S'il est proposé que l'une des nations doive adopter le régime et les lois de l'autre, un exemplaire imprimé de la constitution et des lois de la nation destinée à absorber l'autre doit être porté à la connaissance de cette dernière de la même façon et pendant le même délai.

Pareille publicité est donnée, chez les deux nations, à un tableau contenant, pour chacune d'elles, le total de sa dette publique et le chiffre moyen annuel d'impôts payé par chaque habitant pendant les cinq dernières années.

———

En cas de réunion, tous engagements pris par les gouvernements à l'intérieur et à l'extérieur sont maintenus et pris en charge par les peuples réunis.

En cas de division, les engagements de cette nature sont supportés dans la proportion du nombre des habitants de chaque fraction devenue divise. ———

Le Conseil international préside aux opérations qui précèdent et est seul juge de leur régularité dans le fond et dans la forme.

———

II

DEVOIRS DES NATIONS

I

Toutes les nations doivent s'unir pour faire régner la paix entre elles, garantir leur indépendance et leur autonomie respectives et assurer l'obéissance à la loi commune et l'exécution des sentences arbitrales du Conseil international.

II

Dans leurs rapports réciproques les nations doivent :

Accueillir et protéger les étrangers qui se conforment aux lois du pays où ils résident et n'y sont une cause ni de préjudice ni de trouble ; mais sans que cette obligation fasse obstacle à la faculté réservée à chaque gouvernement, tant sur son territoire national que sur celui de ses colonies et pays de protectorat, de régler à son gré les conditions de naturalisation des étrangers, de réserver à ses seuls nationaux le droit de propriété immobilière ainsi que tous droits civils et politiques et de s'opposer à toute immigration assez importante pour rendre possible une modification de nationalité.

Extrader et rendre aux gouvernements de leur pays les étrangers réclamés comme s'étant rendus coupables dans ces pays de crimes et délits de droit commun.

Organiser, autant que possible dans des îles lointaines, des lieux de détention et de déportation mis à la disposition des nations qui font partie avec voix délibérative ou consultative du Conseil international, afin d'y détenir ou reléguer à leurs frais respectifs, sous une surveillance commune, leurs nationaux condamnés à cette peine, par des tribunaux compétents.

Ouvrir leurs ports et leurs fleuves aux navires de commerce étrangers, à charge par les navigateurs d'acquitter les droits de port, de pilotage et de navigation fluviale fixés par le Conseil international et les droits de douanes que chaque nation fixe à son gré.

5

Assurer par un règlement général le service de la correspondance et des échanges entre citoyens de nations différentes.

Prendre toutes mesures d'intérêt général pour humaniser les guerres et déterminer nettement les droits et les obligations des belligérants et des neutres.

Accorder aux représentants diplomatiques les droits et immunités consacrés par les usages.

Empêcher la propagation des épidémies.

Assurer la protection des richesses des nations et sauvegarder la propriété industrielle, commerciale, littéraire et artistique.

Observer et faire observer les règlements internationaux pour la sécurité et la liberté de la navigation sur les mers ouvertes et les canaux traversant les isthmes et pour l'exploitation du produit de ces mers au-delà de 40 kilomètres à partir des côtes.

Laisser passer sur leur territoire les voies ferrées et autres utiles pour mettre plusieurs pays en communication. A défaut d'accord amiable, le pays traversé est contraint à une contribution ou reçoit une indemnité, suivant qu'il lui plaît ou non de faire usage de ces

voies et suivant l'avantage ou le préjudice qu'il
en éprouve.

III

Tous différends entre nations doivent être
soumis à l'arbitrage du Conseil international
chargé de maintenir la paix entre les peuples,
de présider à leurs bons rapports et de favo-
riser les progrès de la civilisation.

IV

Chaque nation doit limiter l'armement et la
puissance numérique de son armée et de sa
flotte au strict minimum nécessaire pour sauvegarder ses institutions et pour assurer l'ordre
intérieur sur son territoire et sur celui de ses
colonies.

Les nations admises au Conseil à titre consul-
tatif et délibératif doivent entretenir en outre
un corps expéditionnaire qu'elles tiennent à la
disposition du Conseil international pour assurer l'exécution des mesures prescrites par lui.

III

INSTITUTION D'UN CONSEIL INTERNATIONAL

Il est institué un Conseil international auquel sont admis tous les peuples de la terre comptant au moins trois millions d'habitants, occupant un territoire bien délimité et soumis à un pouvoir gouvernemental assez centralisé et assez fort pour assurer l'ordre social à l'intérieur, pour contraindre leurs nationaux à observer les prescriptions de la loi internationale et pour contribuer à la faire observer par les étrangers.

Les peuples réunissant toutes ces conditions, sauf celle relative au nombre des habitants, sont admis au Conseil, mais seulement avec voix consultative.

Sont exclus du Conseil les peuples chez lesquels les attentats contre la vie ou la liberté humaine non justifiés par des motifs de sécurité publique, les tortures ou l'esclavage sont admis ou non réprimés.

Les peuples admis au Conseil international sont représentés savoir : ceux dont la population ne dépasse pas dix millions d'habitants, par un délégué, et, ceux dont la population est supérieure, par un délégué à raison de dix millions d'habitants, sans que le nombre des délégués puisse dépasser trois pour la même nation.

Chaque nation règle à son gré le mode de nomination de ses délégués et y adjoint des délégués suppléants ayant le droit de siéger en cas d'empêchement des titulaires. Les délégués suppléants ont qualité pour être chargés par le Conseil de toutes enquêtes et de toutes missions préparatoires ou de contrôle.

Pour le calcul du nombre des délégués, les confédérations d'États ne comptent que pour une seule nation et les colonies et pays de protectorat ne forment qu'un bloc avec la mère patrie.

Le Conseil international siège en permanence dans la ville désignée par lui.

La présence des trois quarts des délégués inscrits est nécessaire pour la validité des délibérations.

Les décisions sont prises à la majorité absolue des voix, chaque délégué n'ayant qu'une seule voix quelle que soit l'importance de la nation qu'il représente.

Les délégués doivent s'abstenir de tout vote dans les questions qui ne sont pas d'ordre général et qui intéressent directement la nation dont ils sont les représentants.

Chaque délégation nationale peut être assistée de savants et de praticiens destinés à former des commissions d'étude et de rédaction pour les questions nécessitant des connaissances spéciales. Ces auxiliaires n'ont pas voix délibérative. Leur nombre est fixé par le Conseil.

IV

POUVOIRS DU CONSEIL INTERNATIONAL

Le Conseil international prescrit les règles de détail pour les rapports internationaux ; prononce ou refuse la reconnaissance des gouvernements ; fixe la valeur numérique des armées de chaque nation ; concilie et juge à titre d'arbitre souverain tous différends entre les peuples et en règle les suites ; décide et fait exécuter toutes mesures de coercition, de réforme ou de protection ; fixe toutes contributions et indemnités et assure l'application de toutes les règles générales comprises aux présents statuts, mais sans pouvoir, en aucun cas, s'écarter de ces règles et des principes dont elles procèdent.

Les sentences du Conseil arbitral ne sont susceptibles ni d'appel, ni de cassation, ni de révision, ni d'aucun autre mode de recours.

Les décisions du Conseil doivent être observées, même par les peuples qui en sont exclus. Leur observation est assurée par le concours des nations admises au Conseil et chacune d'elles contribue aux mesures de coercition et de protection, aux frais qu'elles entraînent, ainsi qu'à toutes dépenses prescrites dans l'intérêt général. La contribution de chaque nation est fixée en proportion de la valeur numérique de l'armée qu'elle est autorisée à entretenir.

<h1 style="text-align:center">V</h1>

DURÉE DU PACTE

MODIFICATIONS AUX STATUTS

La durée du concert international formé par l'adhésion des nations aux présents statuts est illimitée, mais toute nation adhérente a la faculté de se dégager à l'expiration de chaque période décennale qui écherra à partir de la date à laquelle le Conseil aura été constitué.

L'adhésion aux statuts, ainsi que toute addition ou modification apportée à ces statuts ne seront définitives qu'après avoir été ratifiées par les gouvernements des nations adhérentes.

Toute addition ou modification aux statuts ne peut, une fois le pacte formé, être adoptée qu'à la majorité des trois quarts au moins des voix des délégués inscrits et, si tous les gouvernements des nations adhérentes ne la ratifient pas, elle doit être soumise une seconde fois au vote des membres du Conseil.

Les nations qui, après ce second vote, ne ratifieraient pas la décision du Conseil auraient le droit de cesser de faire partie du Conseil international.

Les délibérations du Conseil qui n'ont pour objet que d'exécuter les prescriptions insérées aux présents statuts sont exécutoires *de plano* et ne sont pas soumises à la ratification des gouvernements intéressés.

VI

DISPOSITIONS TRANSITOIRES

Les gouvernements fixeront, lors de l'acceptation des statuts, le minimum d'adhésions nécessaires pour l'adoption et le maintien du pacte international.

Aucune réunion et aucune séparation d'États, colonies ou provinces ne pourra avoir lieu pendant les dix premières années qui suivront l'adoption des statuts.

www.ingramcontent.com/pod-product-compliance
Lightning Source LLC
LaVergne TN
LVHW051137060726
842526LV00006B/2108